ALBUM
DES DEUX SIÈGES DE PARIS
1870-1871.

Croquis Militaires,
par
ERNEST HUSSENOT
Professeur de Dessin à l'Ecole Régimentaire du Génie de Montpellier
Chevalier de la Légion d'Honneur.

Première Edition
Em. LEJEUNE & C.ie Editeurs, 13, Rue de Seine. (PARIS)
Lith. Grégoire, à Montpellier.
1872

Album des 2 sièges de Paris.
Table explicative des croquis de chaque Feuille.

Feuille 1
Porte de St Denis. (Double Couronne)
La partie de St Denis, constituait un des points avancés de la ligne de défense au Nord de Paris. La partie de la fortification la plus exposée aux attaques de l'ennemi, était la Double Couronne, qui pendant le siège, aida et protégea de ses feux, les sorties dirigées sur Pierrefitte, Stains et le Bourget.
Le bombardement fit, dans la ville, de grands ravages mais ne parvint pas à détruire les ouvrages de défense.

Feuille 2
Butte Pinson près de St Denis.
Importante position qui domine toute la plaine en face de St Denis. Les Prussiens l'occupèrent au moment de l'investissement de Paris et y établirent des batteries cachées dans un petit bois. Ces batteries contribuèrent au bombardement de St Denis et du Fort de la Briche.

Moulin sur la Butte Pinson.
On arrière des batteries, se trouvait le Moulin dans lequel les Prussiens s'étaient établis, des tranchées communiquaient aux batteries. Le feu de la Double-Couronne détruisit en partie ce moulin afin de le rendre inhabitable à l'ennemi.

Feuille 3
Buttes d'Orgemont.
Les Buttes d'Orgemont dominent toute la partie N.-O. de Paris. Les prussiens y établirent des batteries qui ouvrirent leur feu sur St Denis, le 21 Janvier 1871.

Fabrique d'Engrais sur la route de Stains.
Dernier avant-poste français en avant de St Denis. Cette fabrique se trouve à moitié chemin de la route de Stains à Stains. Tous les murs sont crénelés.

Feuille 4
Village de Pierrefitte. (vue prise de la Butte Pinson)
Situé à 2500 mètres de St Denis et entouré de tranchées par les Prussiens. Le 23 7bre 1870 le Général Bellemare poussa une reconnaissance dans le village qu'il occupa; il détruisit les travaux de l'ennemi et rentra le soir à St Denis.

Moulin de Stains.
Placé entre St Denis et Stains, ce Moulin qui servait de poste d'Observation aux Prussiens fut en partie détruit par les obus de la Double-Couronne.

Feuille 5
Batterie de la Croix de Flandres. (près le Bourget)
Cette batterie construite au mois de Décembre 1870, se trouve près de la route qui, du fort d'Aubervilliers conduit au Bourget. Son objectif était d'abattre les murs crénelés en partie et s'appuyait à une auberge qui borde la route. De l'autre côté de cette route, on avait creusé une tranchée pour les tirailleurs.

La Suifferie et la Fabrique de Noir animal.
Postes avancés français devant le Bourget.
Ces bâtiments servirent de quartier général, à l'affaire du 21 7bre.

Feuille 6
Le Bourget (vue prise du fort d'Aubervilliers)
Ce village est défendu par des murs d'embrasure par des murs crénelés. De la batterie de la Croix de Flandres, on attaqua vainement ce les Prussiens, mais ces murs étaient doublés par des tranchées qui formaient les banquettes pour les tirailleurs.
Le Vendredi 28 Octobre, les Francs-Tireurs de la Presse, suivis par un bataillon des mobiles de la Seine et du 133e de ligne s'emparèrent du Bourget et l'occupèrent. Les Prussiens nous le reprirent le 30

Le Bourget est attaqué de nouveau par nos troupes le 21 Xbre 1870. On ne put s'en emparer, et ce vide froid excessif, on fut contraint de continuer l'entreprise.

Le Drancy.
Le 21 Xbre nos troupes reprirent et occupèrent le village de Drancy, et nos tirailleurs placés dans le parc, ouvrirent le feu sur le Bourget.

Cimetière du Bourget.
Ces murs avaient été crénelés et l'ennemi s'y était retranché comme dans une redoute. Le 21 Xbre il y livra un combat acharné entre nos marins et les prussiens.

Feuille 7
Fort de Rosny. Village de Rosny.
Plateau d'Avron. Village de Neuilly.
Le Plateau d'Avron a environ 1500 mètres de longueur et 300 mètres de largeur. Un sallon de 6 Kil. le sépare du Fort.
Le Village est situé sur la pointe du fort. Le chemin de fer de Mulhouse passe au milieu de ce vallon. Le plateau est battu d'un côté, par le Fort de Rosny, et de l'autre par les batteries prussiennes de Rosny et de Montfermeil.
Le 30 9bre 1870, à l'affaire de Villiers notre artillerie s'y était établie. En bonne disposition sur la fortifier, on y construisit des postes de position et des abris; mais les prussiens ouvrirent un terrible feu ce qui ne put s'en emparer ce même avant le 27 Xbre 1870.

Château de Montsereau.
Ce Château fut démoli par le Fort de Rosny, dont il masquait la Campagne.

Vue du Parc et du Château de Villiers.
Occupé par les prussiens qui s'y étaient établis et avaient crénelé tous les murs. Ce Château fut repris par nos troupes le 30 Xbre 1870.

Les prussiens avaient établi leurs batteries sur la terrasse du Château et à l'angle du mur du parc. Le Chemin de fer de Mulhouse passe devant le Château.

Feuille 8
Batterie française près de la Gare de Champigny
Battue à la hâte par nos troupes le 1er Xbre 1870. Elle était masquée, au ras de l'ennemi, par un rideau d'arbres, qu'on avait abattus devant les embrasures afin de ne point gêner le tir.

Fourche de Champigny.
Cette auberge, qui faisait l'angle des routes de Champigny et de Coeuilly, servait d'avant-poste aux Prussiens. Les obus de 30 de glacis des francs-tireurs gâteaux s'en emparèrent après un combat sérieux. C'est dans la plaine de cette auberge que furent ouvertes les tranchées tirées le 1er le 2 et 3 Xbre

Feuille 9
Batteries prussiennes sur les hameaux de Champigny
Établies sur la crête des hauteurs en avant du plateau de Coeuilly, ces batteries dominaient le Village de Champigny et les pentes de Villiers. Elles enrichirent le tir leurs feux, des Colonnes d'attaque prussiennes le 1er le 2 et 3 Xbre 1870.

Vue intérieure des batteries.
Cette batterie est construite en terre, soutenue par des gabions revêtus de fascines.
Chaque pièce est séparée par une traverse ou tire à embrasure. L'objectif de cette batterie était la redoute de la Faisanderie et celle de Gravelle. Elle était en outre destinée à défendre les approches du plateau de Coeuilly, où les prussiens avaient établi un camp et des Magasins de Munitions.

Feuille 10.
Batterie prussienne à la Plâtrière de Champigny.

Cette batterie construite dans une des excavations des carrières, avec des gabions et des fascines pour soutenir les terres, ne fut établie qu'après le 3 Décembre.
Elle ouvrait son feu contre les redoutes de Gravelle et de la Faisanderie dont elle ne pouvait être aperçue.

La plâtrière de Champigny.

Servit de Quartier Général en même temps d'ambulance provisoire pendant les 3 journées de Champigny. Elle se trouve sur la pente opposée à celle de Villiers, entre les deux pentes, dans la vallée, passe le ruisseau de la Lande et le Chemin de fer de Mulhouse.

Feuille 11.
Église de Champigny (28 X.bre 1870).

Le Village de Champigny occupé d'abord par les Prussiens fut repris par les Français, eut beaucoup à souffrir pendant les premiers jours de Décembre. Le Clocher de l'église nous servit de poste d'Observation. La tuiles fort criblées par les balles ennemies.

Batterie prussienne établie sur la route de Champigny à Joinville.

Après notre retraite de Champigny, les Prussiens craignant un nouvel offensif de notre part, construisirent sur la route une batterie de 4 pièces qui fauchait complètement cette voie. Ils avaient établi des postes dans les maisons qui bordent la route en cet endroit.

Feuille 12.
Batterie française en avant du Village de Créteil (28 X.bre 1871).

Créteil était notre dernière position au Sud-Est de Paris, en avant du fort de Charenton, nos troupes y avaient installé des batteries qui surveillaient

Montmesly, Mesly et Bonneuil, villages au pouvoir des Prussiens; cette batterie était dissimulée aux vues de l'ennemi par des massifs d'arbres. Devant les embrasures, on avait abattu ceux qui pouvaient gêner le tir des pièces.

Feuille 13.
Village de Villejuif (vue prise de la route des Hautes-Bruyères).

Le Village de Villejuif avec ses retranchements et les redoutes formait notre ligne de défense au Sud de Paris. Mis sous le feu du Fort d'Ivry, il commandait les villages de Vitry, Choisy-le-Roi, Thiais et Chevilly, occupés par les Prussiens.
Abandonné le 29 7.bre par nos troupes, on en reprit possession le 28.
Le 24 ..... les prussiens attaquèrent vigoureusement cette position, mais ne purent nous en déloger, et nous la conservâmes jusqu'à la fin du siège.
Villejuif se trouve entre les redoutes du Moulin Jaquet et des Hautes-Bruyères aux quelles elle est reliée par une ligne continue de retranchements.

Feuille 14.
Entrée de la redoute du Moulin Jaquet (Côté de Vitry).

Cette redoute construite en terre avait une entrée sur la route que St ..... descend à Vitry. Cette entrée était fermée par une barrière et sur la droite on avait construit de solides abris, pour le service de garde. Les soldats avaient bâti sur le bord de la route, de petites huttes avec des débris de Constructions, ce qui donnait à cette entrée un aspect très pittoresque.

Feuille 15.
Redoute du Moulin Jaquet (17 X.bre 1870).

La redoute du Moulin Jaquet est placée sur la Crête des hauteurs

sur la gauche de la route qui va de Villejuif à Vitry.
Les Prussiens tentèrent de s'en emparer le 24 7.bre mais ne purent y réussir. Cette redoute soutint ses feux, la reconnaissance poussée par nos troupes sur Choisy le 30 ..... Pendant le 2d siège les insurgés occupèrent fortement cette position qui leur fut reprise dans la nuit du 3 au 4 Mai par l'armée de Versailles.

Feuille 16.
Redoute et Moulin de Villejuif (17 X.bre 1870).

Cet ouvrage est le complément de la redoute du Moulin Jaquet. Il se trouve de l'autre côté de la route. Elle était reliée au village par des tranchées. Le Moulin qui servait de magasin, fut presque détruit par le feu de l'ennemi.

Feuille 17.
Vue de la Redoute des Hautes-Bruyères.
(vue intérieure le 17 X.bre 1870)

La redoute des Hautes-Bruyères se reliait au Village de Villejuif par une ligne continue de tranchées qui abritaient nos communications. Cette redoute était et n'était point terminée lors de l'investissement de Paris, on y travailla sans relâche, on fit sous tous les parapets des Cases-mates pour abriter les troupes. De fortes traverses en terre servaient de magasins et défilaient l'ouvrage des feux de Bicêtre et de Châtillon.

Feuille 18.
Redoute des Hautes-Bruyères (vue prise de Villejuif) (5 Janvier 1871).

La redoute des Hautes-Bruyères surveillait la vallée de la Bièvre et complétait la ligne de défense au Sud de Paris. Les Prussiens l'attaquèrent le 24 7.bre et la violence de leur feu nous força à l'abandonner, mais dès que le feu se ralentit et, on la regagna. Cette redoute soutenue par les forts de Bicêtre et d'Ivry, nous rendit de grands services.
Pendant le 2d siège les insurgés s'y établirent, on la leur reprit en

même temps que la redoute de Villejuif.

Feuille 19.
Ferme de la Saussaie (route de Fontainebleau).

Dernier avant poste prussien sur la route de Fontainebleau à Paris.

Feuille 20.
Travaux prussiens entre Choisy-le-Roi et Thiais.
Village de Thiais (Décembre 1870).

Choisy-le-Roi et Thiais étaient très peu de distance l'un de l'autre étaient au pouvoir des Prussiens qui reliaient ces villages par des épaulements en terre et des tranchées, afin de se garantir des feux des redoutes des Hautes-Bruyères et du Moulin Jaquet.

Feuille 21.
Fort de Montrouge (côté gauche vu de la porte d'Entrée). Janvier 1871.
Fort de Montrouge (côté droit vu de la porte d'Entrée).

Le Fort de Montrouge au Sud de Paris, eut beaucoup à souffrir des Batteries de Châtillon, qui le bombardèrent presque sans relâche depuis le 5 Janvier jusqu'au 17. La Caserne du fort la plus rapprochée des batteries fut presque complètement détruite, l'autre bâtiment n'était plus habitable qu'au rez de Chaussée, qui on avait étançonné et blindé. Dans le milieu du fort, on avait établi de nombreux Paris-éclats ou bombes remplis de terre, de manière à permettre de circuler dans le fort sans trop de danger.

Feuille 22.
Batteries prussiennes sur le plateau de Châtillon (Janvier 1871).

Ces batteries situées sur la Crête du plateau au-dessus de Clamart, près de la Tour dite Anglaise, ouvrit son feu au Mois de Janvier, sur les Forts de Vanves et d'Issy, ainsi que les quartiers de Vaugirard, de Grenelle et le Luxembourg.

Feuille 23.
Batterie prussienne à Châtillon
(à droite de la route de Plessis-Piquet janvier 1871.)

Cette batterie pour ainsi dire nommée comme le type des batteries prussiennes, complètement enterrée et sans embrasures.
La bouche du canon affleure le sol. Chaque pièce est montée sur un affût élevé. La crête est à environ 1,80 du sol de sorte que les artilleurs ne peuvent être aperçus du dehors. Chaque pièce est séparée de sa voisine par un traverse en gabions et fascines et chargée de terre.
En avant de la batterie, des massifs d'arbres, éclaircis suivant la direction du tir et des épaulements en terre pour l'infanterie, empêchaient de bien préciser l'emplacement exact de ces batteries. Enfin un plancher de forts madriers préserve les pièces d'un embrasement dans le terrain détrempé par les pluies. Cette batterie est en avant de la redoute de Châtillon, elle contribua au Bombardement des Forts de Montrouge et de Bicêtre, ainsi que des quartiers de Montrouge, de la Maison Blanche, du jardin des Plantes et du Point du Jour. C'est-à-dire du 6°, 7° et 8° secteurs de Paris.

Feuille 24.
Batterie prussienne à Châtillon (janv. 1871)

Cette batterie est construite comme la précédente, mais sous chaque traverse on avait ménagé un petit passage qui pouvait au besoin servir d'abri aux servants des pièces. Elle avait les mêmes objectifs que la précédente.

Batterie prussienne à Châtillon (à gauche de la route de Plessis-Piquet.)

Cette batterie, une des premières établies en avant de la redoute de Châtillon, était destinée à battre les Forts de Montrouge et de Bicêtre, elle appuyait le feu des batteries voisines pendant le bombardement.
Elle commandait la route de Châtillon à Paris.

Feuille 25.
Abris prussiens sur le plateau de Châtillon

Les prussiens établirent à proximité de leurs batteries, des abris blindés et casematés. La charpente était faite avec des troncs d'arbres, ainsi que la couverture qui était en outre recouverte de terre. Sur la façade régnait un couloir sur lequel donnaient les portes des petites chambres. Le sol était recouvert d'un plancher.
Ces abris ont parfaitement subi l'épreuve d'un hiver et étaient encore en parfait état à la fin du siège. Ils étaient placés dans des endroits boisés, de manière à ne pas être aperçus de l'ennemi.
Les Prussiens construisirent aussi de petits abris pour leurs postes, mais ces derniers avaient le défaut de s'inonder trop facilement.

Feuille 26.
Batterie prussienne du Moulin de Pierre

Cette batterie était dirigée contre la Tour d'Issy et le Point du Jour. Elle servit aussi au bombardement des 6° et 7° secteurs. Au 2° siège elle fut occupée par les troupes de Versailles.

Batterie des Chalets sur la route de Clamart

Construite sur la lisière du Bois de Meudon, cette batterie avait pour objectif le Fort d'Issy et le Point du Jour, elle aida aussi au Bombardement des quartiers de Vaugirard, Grenelle, des Invalides. Un fossé large et profond la défendait d'accès.

Feuille 27.
Bastions 70-71 et porte de Versailles.

Ces bastions exposés au feu des batteries prussiennes de Meudon, Clamart et Montretout étaient particulièrement armés, et paraient souvent à éteindre leur feu. Pendant le 2° siège, les insurgés les occupèrent et répondirent vigoureusement à non attaques de ce côté.

Feuille 28.
Terrasse du Château de Meudon

Les prussiens en investissant Paris, comprirent tout le parti qu'ils pouvaient tirer de cette position. De la transformer en un véritable fort, qu'ils admirent d'une puissance artillerie, de là ils dominaient le fort d'Issy et les 6°, 7° et 8° secteurs, ainsi que les Cours de la Seine. Ils avaient construit en outre des abris blindés faits avec beaucoup de soin, des tranchées profondes permettaient de circuler des batteries aux abris sans se découvrir.

Vue du Château

Le Château fut complètement détruit par nos obus les murs extérieurs seuls restent debout. La façade du côté de Paris est criblée par nos projectiles, ce n'est plus que le squelette d'un monument. Les caves du Château contredisent les voûtes sont intactes.

Feuille 29.
Redoute de Brimborion (février 1871)

Commencée par les français, cette redoute ne put être achevée et fut occupée par les Prussiens. Elle ne fonctionna pas d'une manière permanente à cause de la proximité de Paris, ce fut plutôt pour eux un poste d'observation d'où ils pouvaient découvrir nos distinctions les fortifications.

Abri prussien dans la redoute

Pendant leurs reconnaissances à Brimborion, les Prussiens construisirent des abris sous les parapets de la redoute. L'entrée de ces abris était cachée par un masque de terre.

Feuille 30.
Batteries prussiennes dans le parc de St Cloud
près du rond point de la Lanterne de Démosthène.

Placée au rond point au dessus de Ville d'Avray, cette batterie dominait à l'Est sur Paris par l'avenue de la Lanterne de Démosthène, et au Nord, enfilant de ses feux la grande avenue qui conduit à la porte Jaune, elle couvrait les hauteurs de Garches et de Montretout.

Abri dans la Batterie

Dans le milieu de la Batterie, on avait creusé un abri, les terres étaient soutenues par des troncs d'arbres fichés en terre l'un à côté de l'autre. D'autres troncs d'arbres formaient la couverture on y arrivait par une rampe pratiquée dans le sol. Cet abri qui paraissait très grossier de construction, était cependant très soigné et pouvait défier nos projectiles.

Feuille 31.
Tranchées prussiennes dans le parc de St Cloud.

Tout le long de l'avenue qui conduit du rond point à la porte Jaune, les prussiens avaient élevé une ligne de retranchements coupés de distance en distance par des traverses pour se garantir de l'enfilade en cas d'une attaque venant de Garches ou de Montretout.

Magasin à poudre de la Batterie de Breteuil.

La Batterie de Breteuil se trouvait à mi-côte des hauteurs qui, de la Lanterne de Démosthène, descendent vers la Seine, cette batterie était complètement masquée dans les massifs d'arbres. Tout près de la batterie existait un ravin sur le quel on avait construit un pont en pierre. C'est sous ce pont que les Prussiens avaient établi leur magasin à poudre, on avait garanti l'entrée par une gabionnade très solide. On y arrivait par un escalier creusé dans le talus.

Feuille 32.
Batterie prussienne dans le parc de St Cloud.
Cette batterie paraît n'avoir été faite que dans le cas d'une attaque venant de Garches ou du Montretout. L'île était très remblayée avec des terres provenant du fossé, et n'avait pas l'importance des autres batteries.

Ouvrage prussien dans le parc
Dans la plaine qui s'étend entre les bois et le mur du parc se trouve un petit bois de sapins. Les Prussiens avaient entouré ce bois d'un retranchement qui formait une redoute. Cette plaine avait été défoncée accidentée; formait un camp retranché; les murs du parc étaient garnis de banquettes pour les tirailleurs, dans le cas d'une attaque de notre part.

Feuille 33.
Abri prussien à la Porte Jaune.
A gauche près de la Porte Jaune et comme pour servir de poste, se trouve un abri blindé et casematé fait avec de gros troncs d'arbres recouverts de terre et entouré d'un petit fossé pour l'écoulement des eaux.
Un abri, de même genre, était placé près de la petite Cheminée de fer à l'extrémité du mur du parc.

Maison du Curé sur les hauteurs de Garches
Cette maison, dite du Curé, servait de poste avancé sur les hauteurs de Garches; on y arrivait par une tranchée qui, de dissimulée, derrière la maison, aux vues du Mont-Valérien. Le fort le criblait de ses obus.

Feuille 34.
Redoute de Montretout (vue intérieure levée 1871)
Commencée par les Français qui durent l'abandonner avant son achèvement; la redoute de Montretout ne fut pas occupée par l'ennemi d'une manière permanente parce qu'elle se trouvait trop exposée aux coups du Mont-Valérien. Les Prussiens placèrent leurs batteries sur les pentes en avant de la redoute. Le 19 janvier, la redoute de Montretout fut reprise par nos troupes et servait nos colonnes d'attaque sur Buzenval.

Ferme de la princesse de Craon sur le plateau de la Bergerie.
Cette ferme entourée de retranchements, était située à l'extrémité du plateau de la Bergerie, du côté de la redoute de Montretout; c'était un avant-poste important. Une ligne de tranchées côtoyait les crêtes des coteaux et reliait cette ferme aux bois de Buzenval.

Feuille 35.
Blockaus prussiens aux Haras de Vaucresson
Les Francs sur le plateau de la Bergerie, au dessous du Village de Vaucresson, servait de camp retranché aux Prussiens. Les Murs, du côté de la Bergerie, sont garnis de banquettes, et trois Blockaus complétaient la défense du plateau.

Poste d'Observation au Carrefour des Belles-vues.
Ce petit poste placé à la jonction de plusieurs avenues était constitué plusieurs grands pour pouvoir être occupé au besoin.

La Bergerie.
Grosse ferme située sur le plateau de la Bergerie, elle était fortement occupée par les Prussiens. Les murs crénelés qui entouraient cette ferme, nous arrêtèrent, dans la sortie sur Buzenval le 19 janvier, et nos troupes furent très éprouvées.

Feuille 36.
La Fouilleuse et le Mont-Valérien.
Le Mont-Valérien est le plus important des Forts autour de Paris. Il commande toute la campagne au Nord-Ouest de Paris. Il inquiéta l'ennemi pendant toute la durée du siège et empêcha toute tentative d'occupation dans la presqu'île de Gennevilliers. Il soutint de ses feux les sorties dirigées sur Rueil, Nanterre et la Malmaison. Le 19 janvier il donna le signal de l'attaque de Buzenval, en fouillant de ses obus, les bois qui couvrent ces coteaux.

La Fouilleuse est une grosse ferme, au pied du Mont-Valérien. C'est là que le Général Bellemare commandait la division, le 19 janvier, à l'affaire de Buzenval. Le 19 au soir, la Fouilleuse était transformée en ambulance.

Moulin des Gibets.
Poste-avancé placé sous la protection du Mont-Valérien. Surveille Rueil et Nanterre et appuie les batteries de reconnaissance de nos troupes. Sa position en fait un excellent poste d'Observation

Feuille 37.
Île du Chiard et Village de Chatou.
L'île du Chiard se trouve entre Rueil et Chatou. Les Prussiens y faisaient de fréquentes reconnaissances. Le Général Noel commandant le Mont-Valérien s'en empara le 21 Xbre 1871.
Le Village de Chatou ne put être occupé par les Prussiens à cause du tir du Mont-Valérien, mais ils s'étaient établis dans les bois de Vésinet, et venaient en reconnaissance dans ce village.

Pont d'Asnières.
Au moment de l'investissement de Paris, on fit sauter le pont. Le Village d'Asnières eut beaucoup à souffrir pendant le 2e Siège et fut le témoin de fréquents engagements avec les troupes de Versailles.

Feuille 38.
Île de la Grande-Jatte.
Île de la Grande-Jatte est située entre le pont de Courbevoie et le pont d'Asnières. Pendant le 2e Siège elle était visitée par les reconnaissances des deux partis et y fut livrée plusieurs engagements sérieux.

Feuille 39.
Barricades du rond point de Courbevoie
Ces barricades armées de pièces de Canon avaient été construites pendant le 1er Siège. Les combats d'un sérieux contre les troupes de Versailles dans ces engagements nombreux qui eurent lieu à Courbevoie entre les gendarmes et les bataillons des fédérés.

Courtine 2-3 du fort d'Issy (14 Mai 1871)
Le fort d'Issy, déjà très éprouvé pendant le 1er Siège, eut encore à supporter le feu de nos batteries pendant la Commune. Le 12 Mai une brèche fut pratiquée dans les casematures de la Courtine 2-3 et c'est par cette ouverture que les troupes s'introduisirent dans le Fort.

Entrée du Fort d'Issy (coté gauche).
Nos troupes avaient construit dans le fort des abris blindés et casematés pour se garantir du bombardement. Ces abris résistèrent très bien aux projectiles.
Les Casernes furent presque complètement détruites.

Feuille 40.
Le petit Bicêtre
Sur la route de Versailles à Châtillon entre les bois de Meudon et de Verrières. Le petit Bicêtre était bien choisi pour la concentration des troupes prussiennes qui pouvaient se porter rapidement sur Châtillon.

Ferme de Villa-Coublay.
Cette ferme devait être l'atelier de réparation d'armes aux Prussiens.
Au 2e Siège, le 4 Avril, les insurgés alors possesseurs de la redoute de Châtillon, poussèrent une reconnaissance jusqu'à cet endroit; ils sont repoussés et laissent beaucoup de prisonniers entre nos mains.

Gare de Clamart.
Le 2 Mai, les troupes de Versailles attaquèrent vigoureusement la gare de Clamart qu'elles emparèrent de vive force, malgré la proximité du fort d'Issy qui nous criblait de ses projectiles. On fit des travaux d'approches, et le 12 Mai le fort d'Issy était repris.

Feuille 41.

Batterie N° 3 à Montretout

Cette batterie construite par les prussiens sur la côte du bâtiment armait la redoute, fut réarmée en 2 e Siège par les Troupes de Versailles, elle était destinée à battre le Pont du Jour.

Batterie N° 4 à Montretout

Cette batterie était en rapport de dessous de la Batterie N° 3 et avait le même objectif. On y accédait par un sentier creusé qui partait de la route de Montretout et descend à S.t Cloud.

Feuille 42.

Batterie à Montretout

Cette batterie établie au mois d'Avril 1871 par les Versaillais était armée de pièces de marine et servie par les marins. Elle était enfermée à la mode prussienne et tirait à embrasure. Les projectiles servaient d'abri aux munitions et poudre.

Batterie du parc crénelé à Bellevue

Placée au milieu d'un massif d'arbres, cette batterie ne pouvait s'apercevoir de la Place, elle tirait sur le 6e et 7e secteurs c'est à dire depuis le Point du Jour, jusqu'à Vanguard.

Feuille 43.

Batterie de l'Établissement d'Hydrothérapie

Cette batterie est établie à la mode prussienne, sur les travaux de l'Établissement, elle est complètement enferrée et la bouche du Canon dépasse à peine le sol.

Batterie des 4 Tourelles

Appuyée au Château, dit des 4 Tourelles, cette batterie est cachée aux vues de la Place par un massif d'arbres. Elle fait face au Pont du Pont d'Auteuil et prend en enfilade le Cours de la Seine.

Feuille 44.

Pont du Point du Jour

Le pont de Paris du Jour occupait une formidable barrière défendant l'entrée de Paris, plusieurs maisons et des grandes arcades avaient été servies. Pendant le 1er Siège, le Canon de Montretout avait des brèches dans les arcades, déjà entamées par les obus prussiens, et nous facilitait l'entrée dans Paris sur ce point. Sont le point que Canonniers des insurgés fut ruinée par le feu de ces batteries.

Porte de St Cloud.

Le 20 Mai au soir, les troupes de Versailles, profitant d'un silence de cette porte, n'était pas surveillée par les insurgés, ouvrirent une brèche dans la fortification et s'emparèrent de cette partie de l'enceinte.

Feuille 45.

Porte de Passy.

Dès que les troupes de Passy se furent rendues maîtresses de cette partie de la zone des fortifications, elles s'empressèrent d'ouvrir la porte de Passy aux régiments campés au Bois de Boulogne.

Barricade du Quai de Passy

Sur le quai de Passy au coin de la rue Gaillon, les insurgés avaient élevé une barricade. Ses opposants en avaient défendus pour une copie d'ouvrage avant formé par les murs crénelés d'en-cas. Cette barricade était faite avec beaucoup de soin; un passage au milieu était réservé pour la circulation. Le fossé était prolongé sur le quai, afin d'empêcher qu'on ne tournât la barricade par l'intermédiaire du mur du quai.

Feuille 46.

Porte d'Auteuil

Cette partie de la Fortification eut beaucoup à souffrir des feux directs du Mont-Valérien. Les bâtiments qui se trouvaient à l'entrée, ainsi que le pont du Chemin de fer de la Gare sont les complètement détruits par les obus.

Feuille 47.

Porte de la Muette

Donnant sur le Bois de Boulogne, la porte de la Muette fut aussi occupée par les troupes dans la nuit du 21 au 22 Mai 1871. Le Génie construisit à la hâte un pont fait avec des gabions et des fascines recouvertes de terre.

Porte Maillot.

La porte Maillot fut un des points les plus éprouvés. Les insurgés prévoyant que l'on chercherait à entrer dans Paris de ce côté, y avaient accumulé leurs forces. Le Mont-Valérien battait sans relâche cette partie de la Fortification.

Feuille 48.

Barricade de la Terrasse des Tuileries
(Côté de la Rue de Rivoli.)

Depuis le 18 Mars, les insurgés avaient sillonné Paris de Barricades faites avec des pavés amoncelés, ils s'empressèrent que des obstacles seraient dangereux pour les défendre, se servant des talus de pierres. Une Commission se forma sous la direction d'un nommé Gaillard qui entreprit de refaire toutes les Barricades. Celle de la rue de Rivoli fut un modèle de ce genre. Ses profils et ses crêtes étaient formés avec des sacs à terre superposés et la masse du parapet était un remplissage de terre mouillée et damée. Cette barricade s'appuyait d'un côté à l'hôtel du Ministère de la Marine et de l'autre au mur de la terrasse des Tuileries. Elle était armée de 3 pièces. Un masque l'abritait. Le 24 Mai, nos Troupes tournèrent cette barricade par les insurgés ne purent tirer le parti qu'ils en attendaient.

Barricade de la Terrasse des Tuileries.
(Côté du Quai.)

Du côté du quai, une autre barricade en terre soutenait pour des hommes reliant la terrasse au quai et complétait ainsi la ligne de défense. Devant ces deux barricades on avait creusé un fossé large et profond qui laissait en ses côtés. L'origine du gaz et les conduites d'eau ainsi que les voûtes des égouts. La grille de sortie du Jardin des Tuileries étant protégée par un masque en terre, on avait comblé de terre le vide entre les murs de la grille.

Feuille 49.

Buttes Montmartre et Moulin de la Galette

Les Buttes Montmartre au Nord de Paris dominent toute la ville et les abords des fortifications.

C'est là que les insurgés concentraient leur mouvement insurrectionnel et de concentration. Le 18 Mars ou bords de reprendre cette position que les insurgés avaient sur la batterie des pièces qu'ils avaient prises au Palais de l'Industrie dans la nuit du 17 février avant l'entrée des Prussiens dans Paris.

Le 23 Mai, les troupes de Versailles s'emparent des Buttes Montmartre après une résistance acharnée de la part des fédérés, qui cette poste commençait à démoraliser.

Buttes Chaumont

Les insurgés après la prise des Buttes Montmartre se replièrent sur les Buttes Chaumont, et s'engagent en combat d'artillerie. Le 26 Mai, cette position est en notre pouvoir, les insurgés se retirèrent dans le Cimetière du Père-Lachaise.

Feuille 50.

Barricade de l'Arc de Triomphe de l'Étoile

Donnant sur l'Avenue de Neuilly, cette barricade armée d'artillerie fut démolie par les troupes; elle dominait et enfilait toute l'Avenue et appuyait la défense de la porte Maillot. Elle fut prise le 22 Mai, par les troupes de Versailles.

Barricade du Boulevard Beaumarchais

Cette barricade qui enfilait toute la ligne des Boulevards fut prise à revers par les troupes venant de la rue St Antoine le 26 Mai. Elle était faite de pavés alignés et superposés, jusqu'à hauteur d'hommes, puis garnis de sacs à terre. Un passage était ménagé au milieu et garanti par un masque; d'autres passages régnaient sur les côtés.

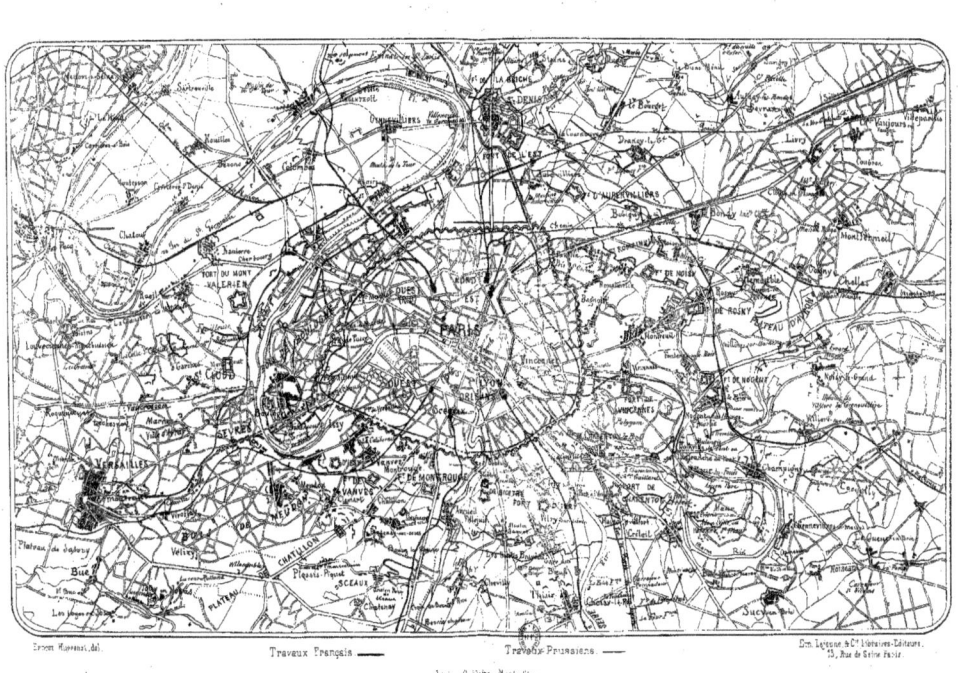

Travaux Français —— Travaux Prussiens ——

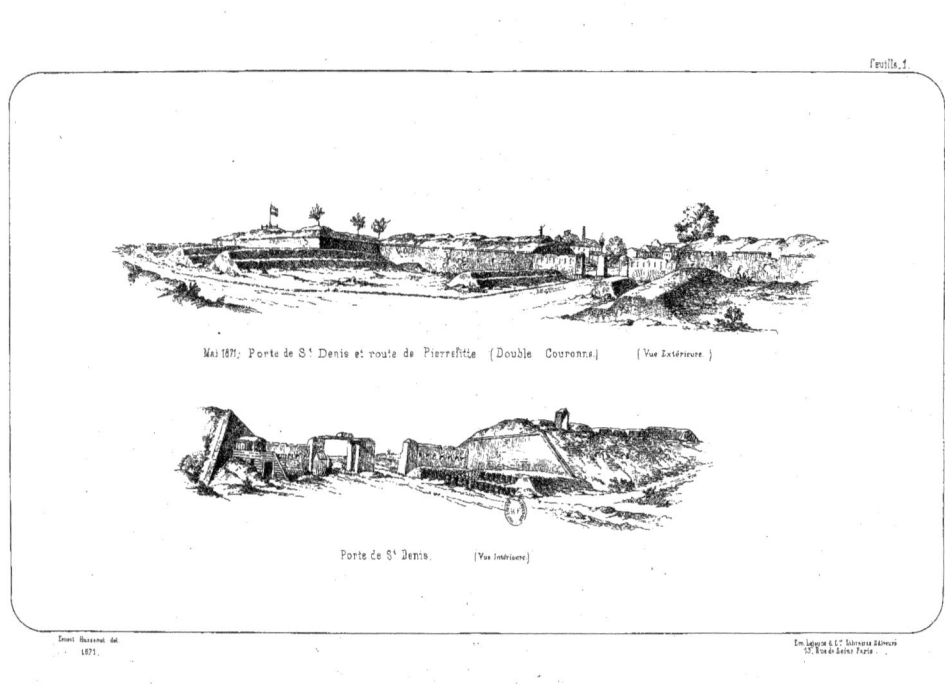

Butte Pinson (près St Denis.)   A Batterie Prussienne.

Moulin sur la butte Pinson.   B Tranchée abri.

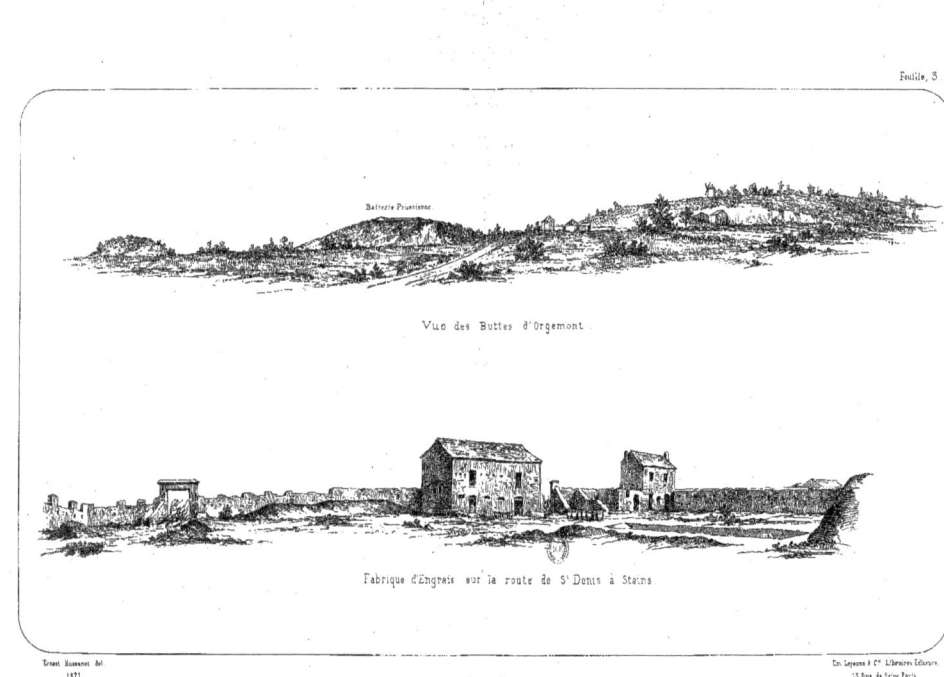

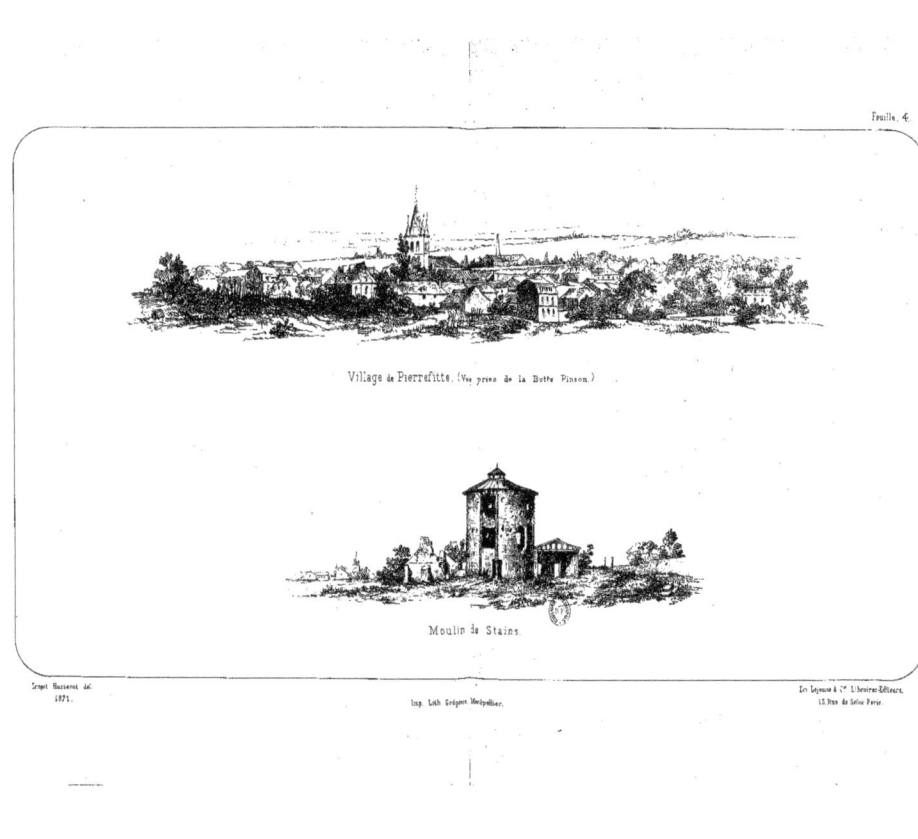

Village de Pierrefitte. (Vue prise de la Butte Pinson.)

Moulin de Stains.

A Batterie de la Craie de Flandres.
B. Fabrique de noir animal.
C. La Soufferie

21 Décembre 1870. Le Bourget. (Vue prise d'Aubervilliers.)

Le Drancy (Vue prise du Bourget.)

Cimetière du Bourget.

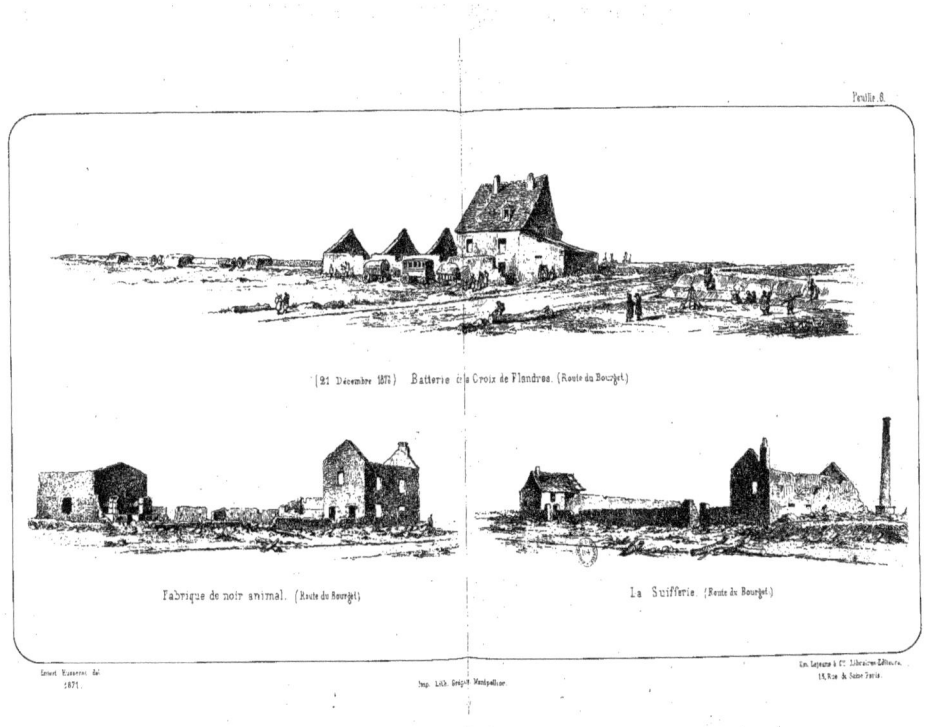

(21 Décembre 1870) Batterie de la Croix de Flandres. (Route du Bourget.)

Fabrique de noir animal. (Route du Bourget.)   La Suifferie. (Route du Bourget.)

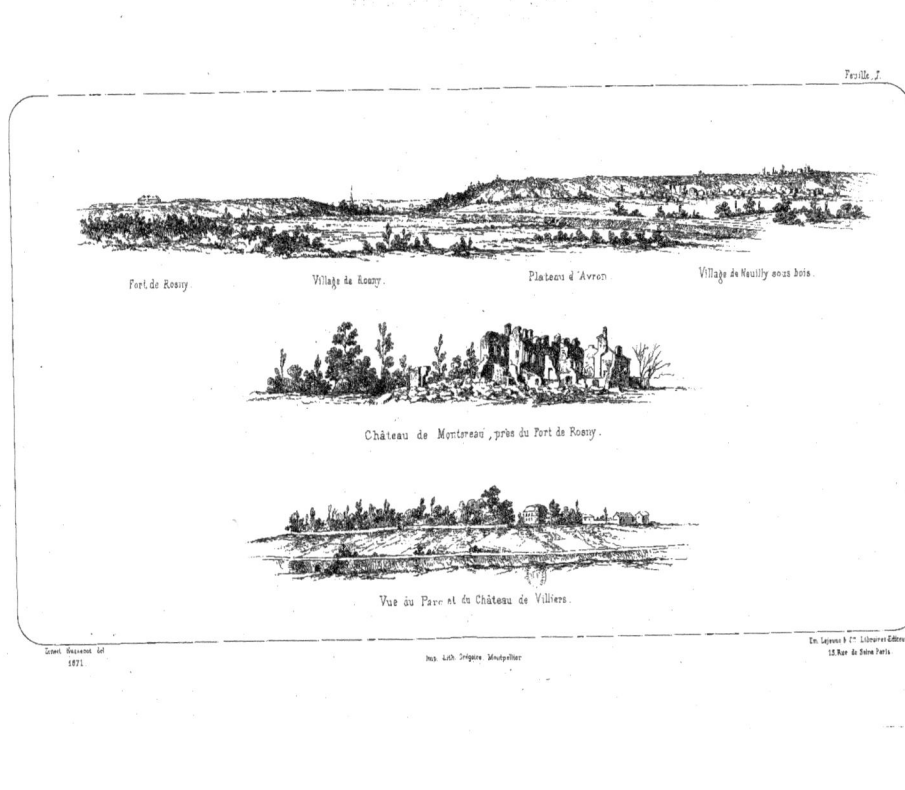

Fort de Rosny. Village de Rosny. Plateau d'Avron. Village de Neuilly sous bois.

Château de Montsreau, près du Fort de Rosny.

Vue du Parc et du Château de Villiers.

Batterie Française près de la gare de Champigny. (2 Décembre 1870)

Fourche de Champigny. (2 Décembre 1870)

(2 Décembre 1870) Batteries Prussiennes sur les hauteurs de Champigny (Dites Marché des Relais)

Vue Intérieure des Batteries.

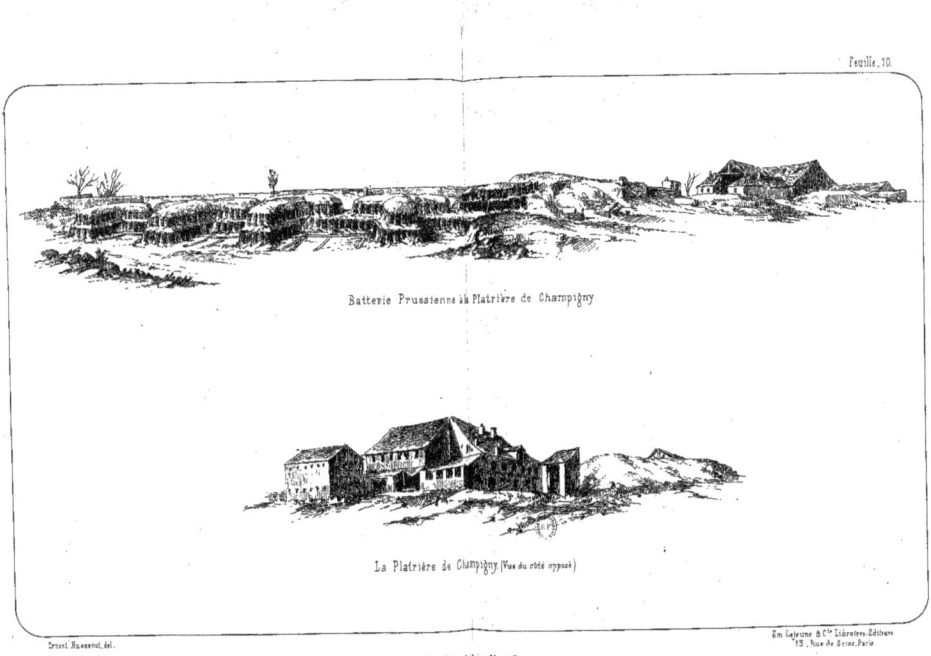

Batterie Prussienne à la Platrière de Champigny.

La Platrière de Champigny. (Vue du côté opposé)

Église de Champigny. (30 Novembre 1870.)

Batterie Prussienne établie sur la route de Champigny à Joinville (après le 3 Décembre 1870).

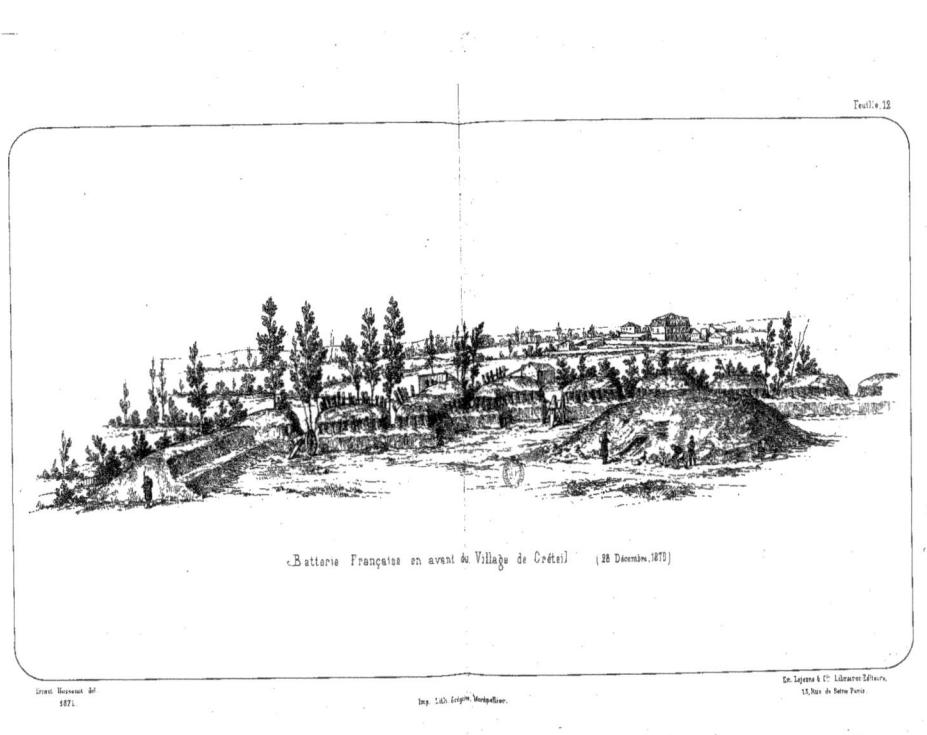

Batterie Française en avant du Village de Créteil (28 Décembre 1870)

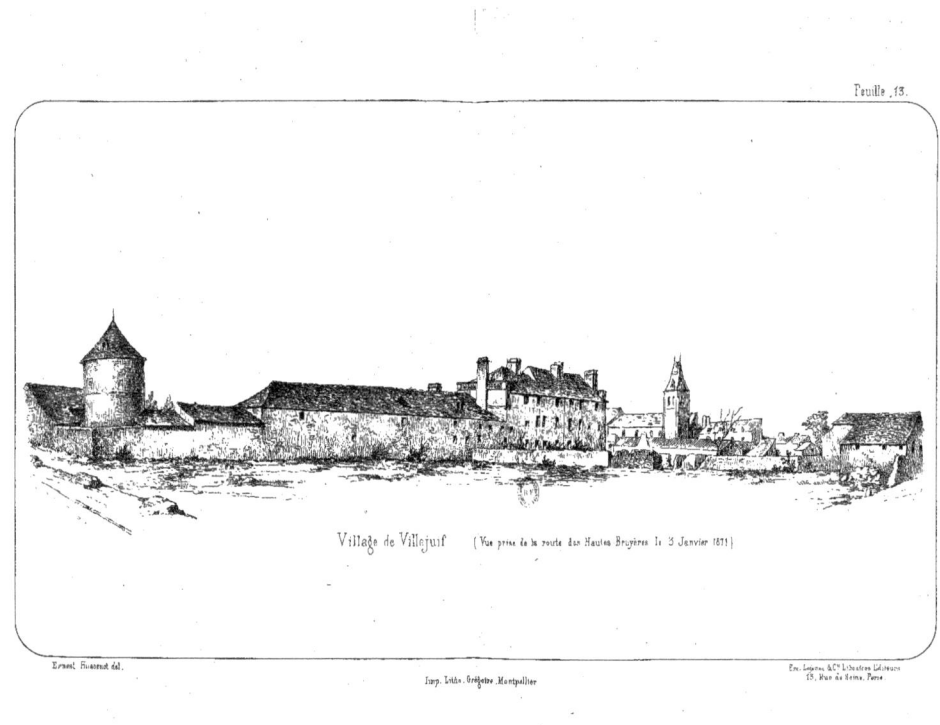

Village de Villejuif (Vue prise de la route des Hautes Bruyères le 3 Janvier 1871)

Entrée de la Redoute du Moulin Saquet. Côté de Vitry. (11 décembre 1870)

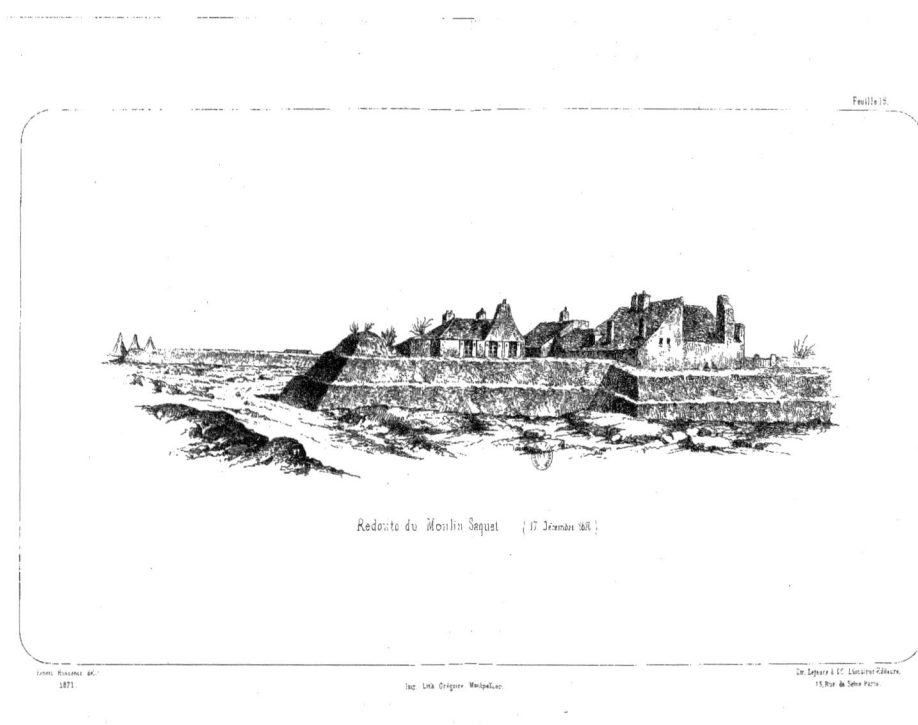

Redoute du Moulin Saquet (17 Décembre 1870)

Redoute et Moulin de Villejuif. (12 Décembre 1870.)

Vue de la Redoute des Hautes-Bruyères (Vue intérieure, 17 Décembre 1870)

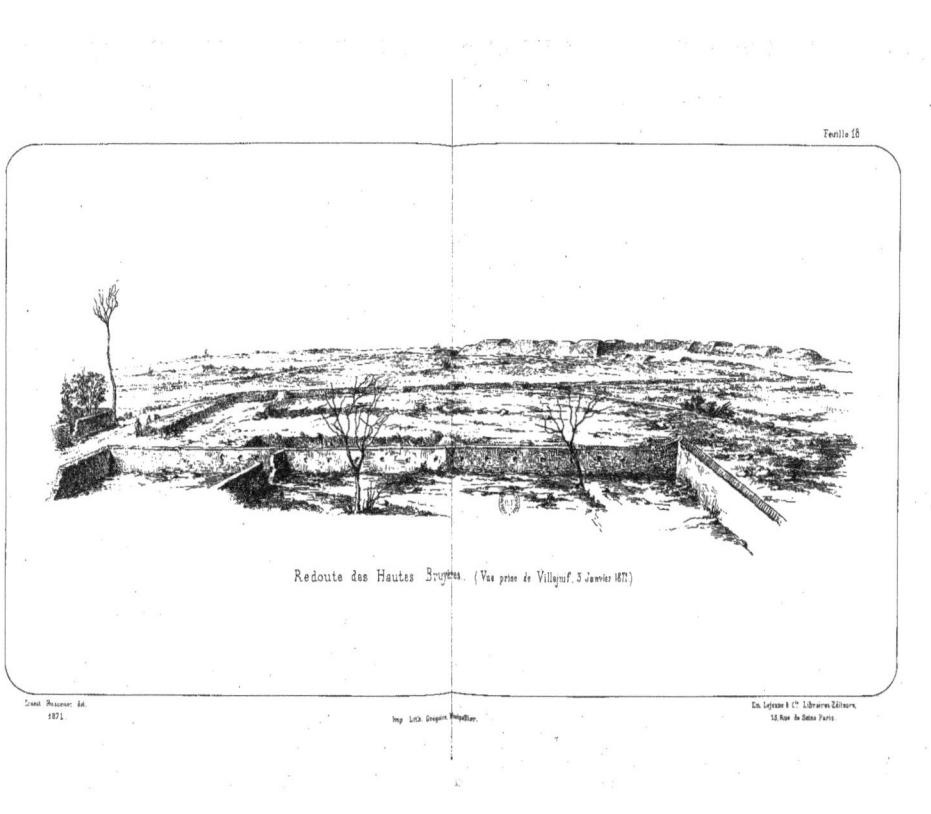

Redoute des Hautes Bruyères. (Vue prise de Villejuif, 3 Janvier 1871.)

Ferme de la Saussaie. (Route de Fontainebleau.)

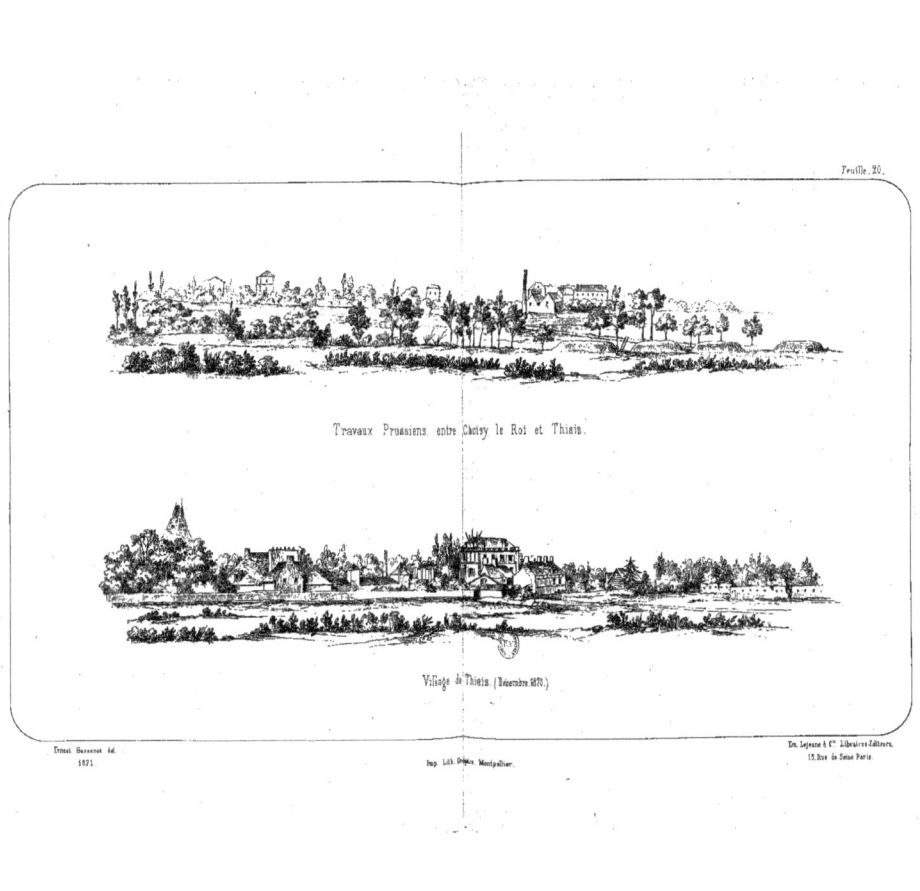

(Janvier 1871.) Fort de Montrouge. (Côté gauche, vu de la Porte d'Entrée.)

(Janvier 1871.) Fort de Montrouge. (Côté droit, vu de la Porte d'Entrée.)

(Janvier, 1871.) Batteries Prussiennes sur le Plateau de Chatillon.

(Janvier 1871) Batterie Prussienne à Chatillon (à droite de la route de Plessis Piquet)

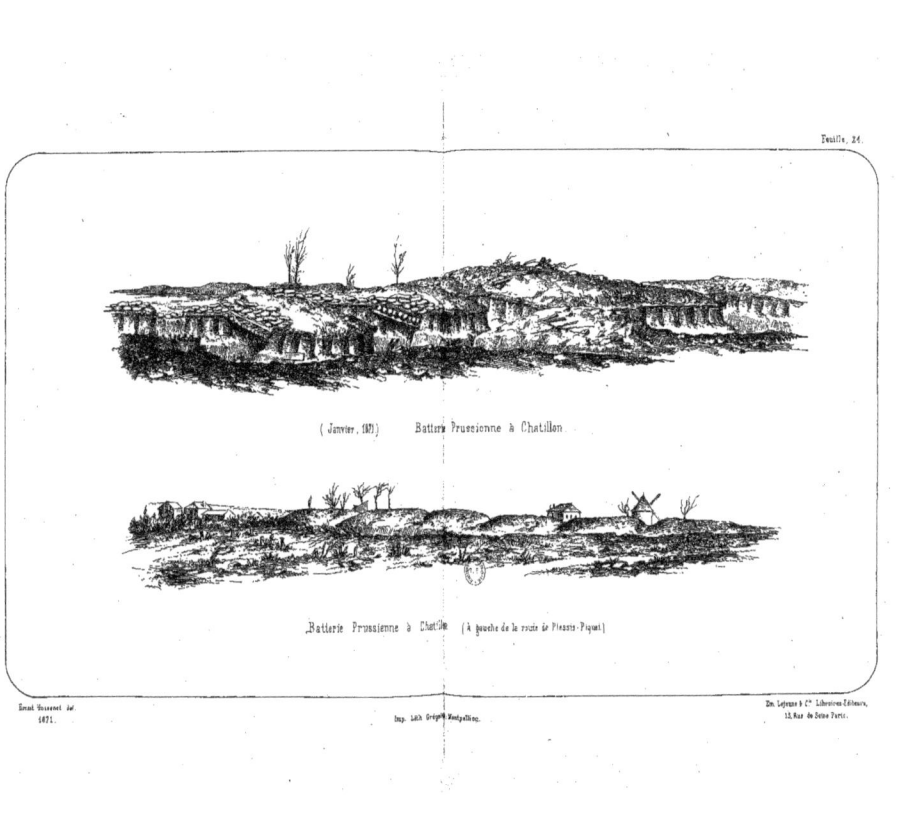

(Janvier, 1871) Batterie Prussienne à Chatillon.

Batterie Prussienne à Chatillon (À gauche de la route de Plessis-Piquet)

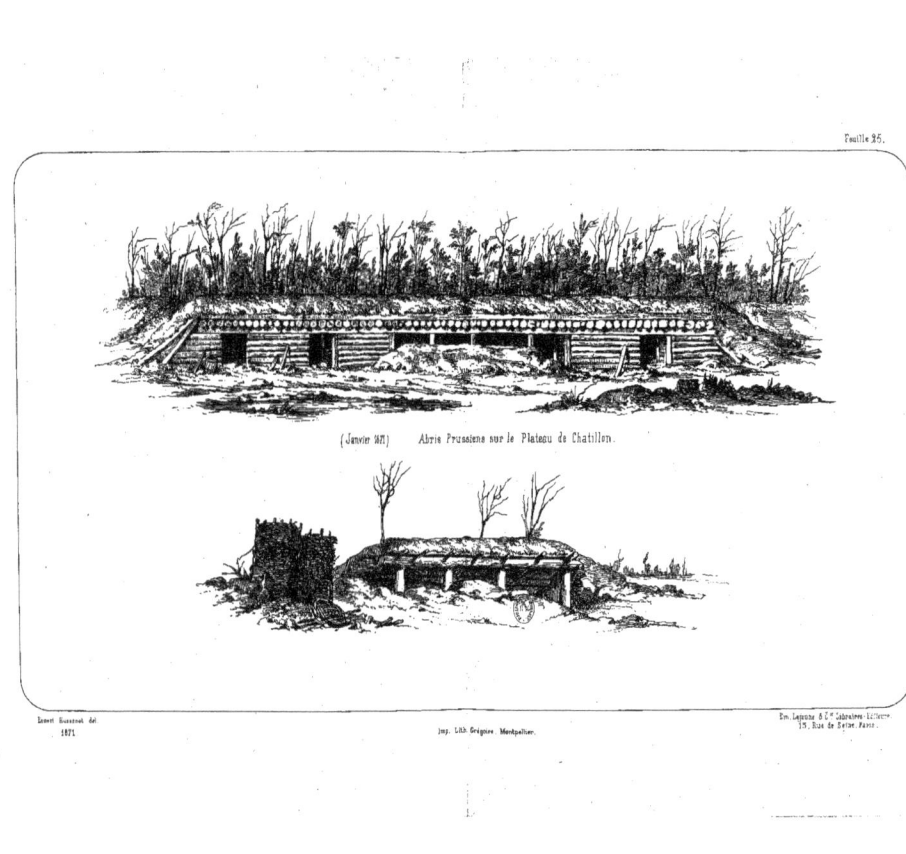

(Janvier 1871) Abris Prussiens sur le Plateau de Chatillon.

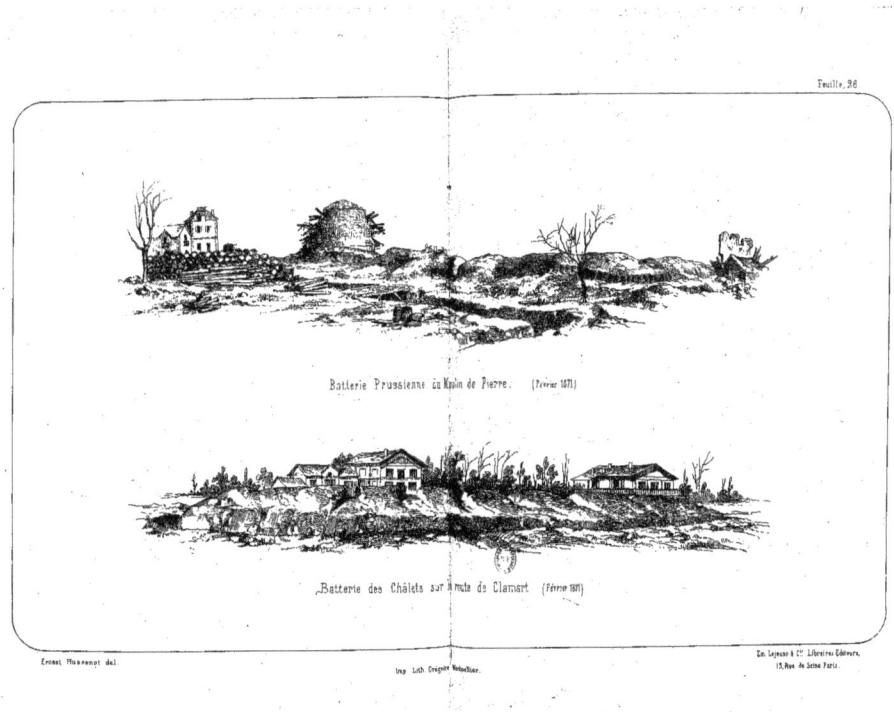

Batterie Prussienne du Moulin de Pierre. (Février 1871)

Batterie des Châlets sur la route de Clamart (Février 1871)

Bastions 70-71 et Porte de Versailles (Décembre 1870)

(Février 1874) Terrasse du Château de Meudon.

Vue du Château.

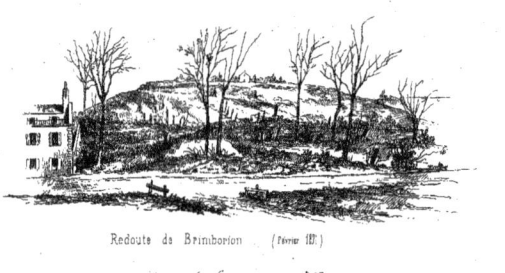

Redoute de Brimborion. (Février 1871.)

Abri Prussien dans la Redoute.

Batteries Prussiennes dans le parc de St Cloud, près du rond-point de la lanterne de Démosthènes.

Abri dans la Batterie. (Février, 1871.)

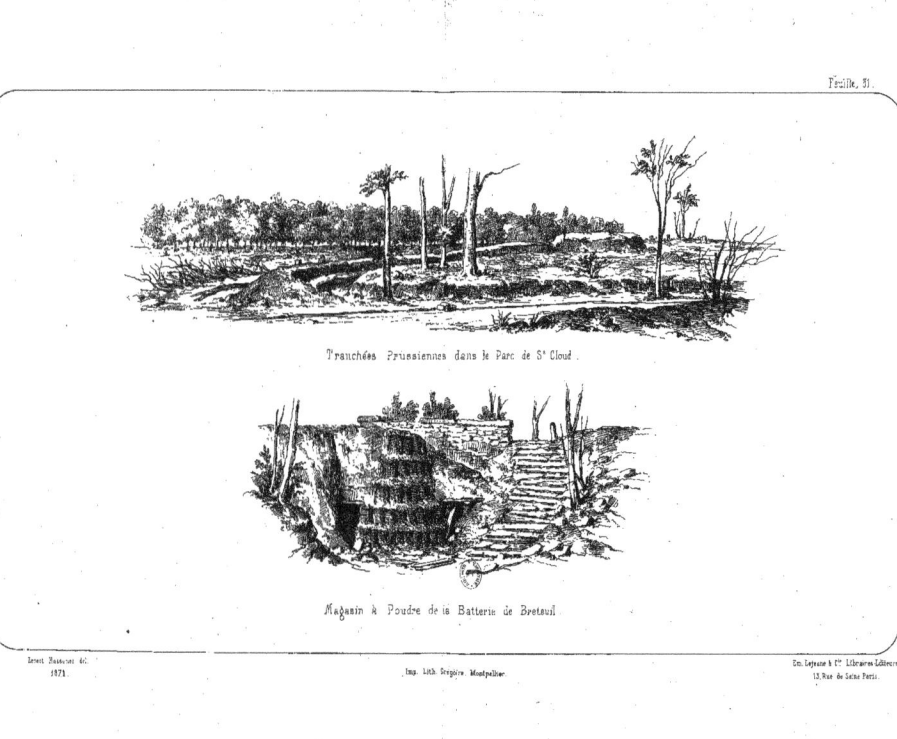

Tranchées Prussiennes dans le Parc de St Cloud.

Magasin à Poudre de la Batterie de Breteuil.

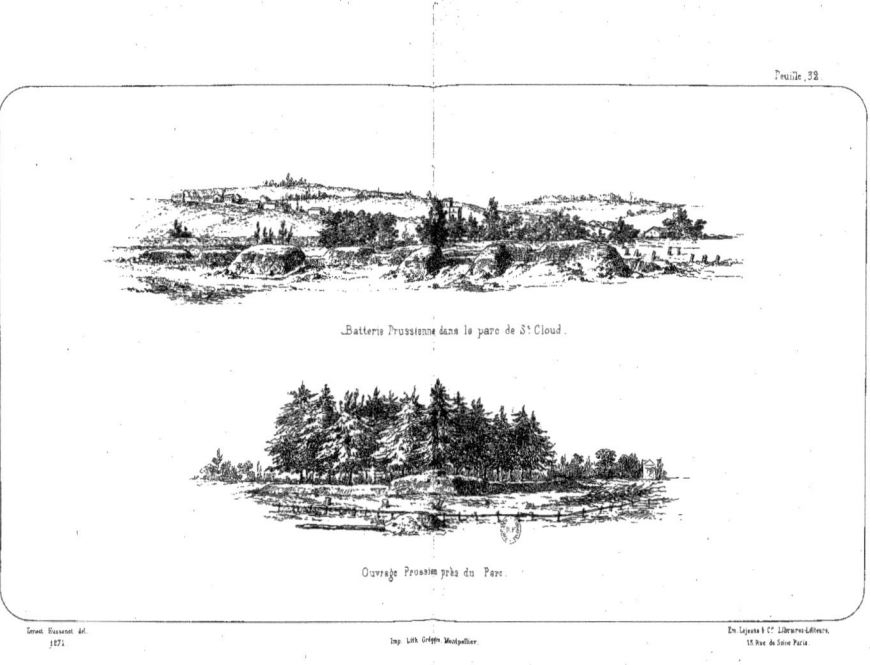

Batterie Prussienne dans le parc de St Cloud.

Ouvrage Prussien près du Parc.

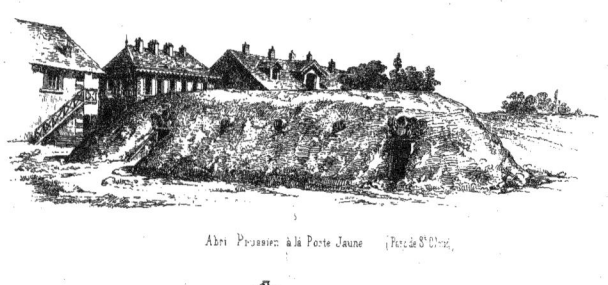

Abri Prussien à la Porte Jaune (Parc de St Cloud)

Maison du Curé sur les Hauteurs de Garches

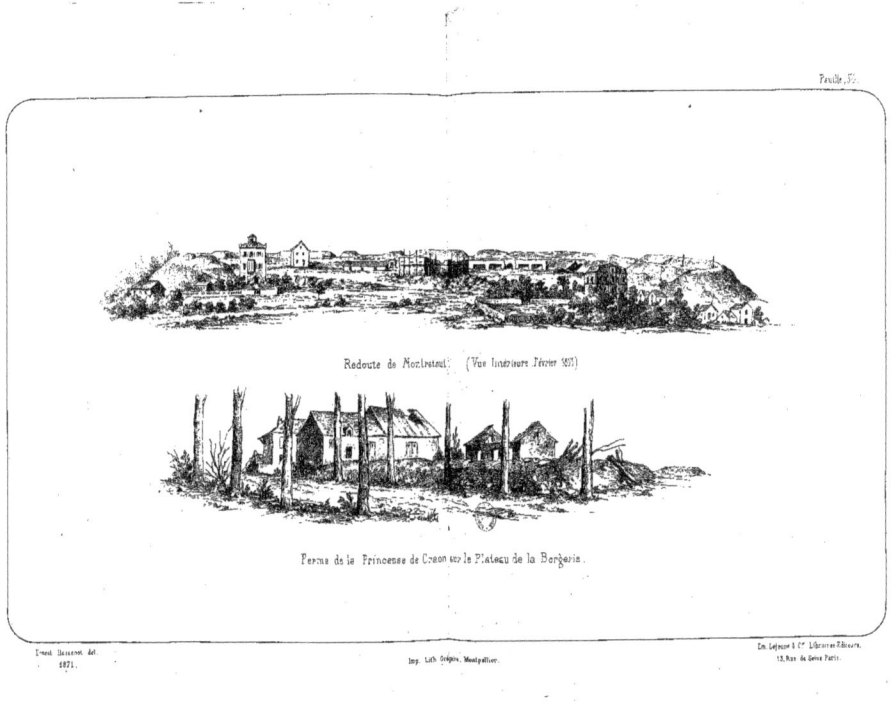

Blokaus Prussiens au Haras de Vaucresson.

Poste d'Observation au Carrefour des Belles-Vues.   La Bergerie.

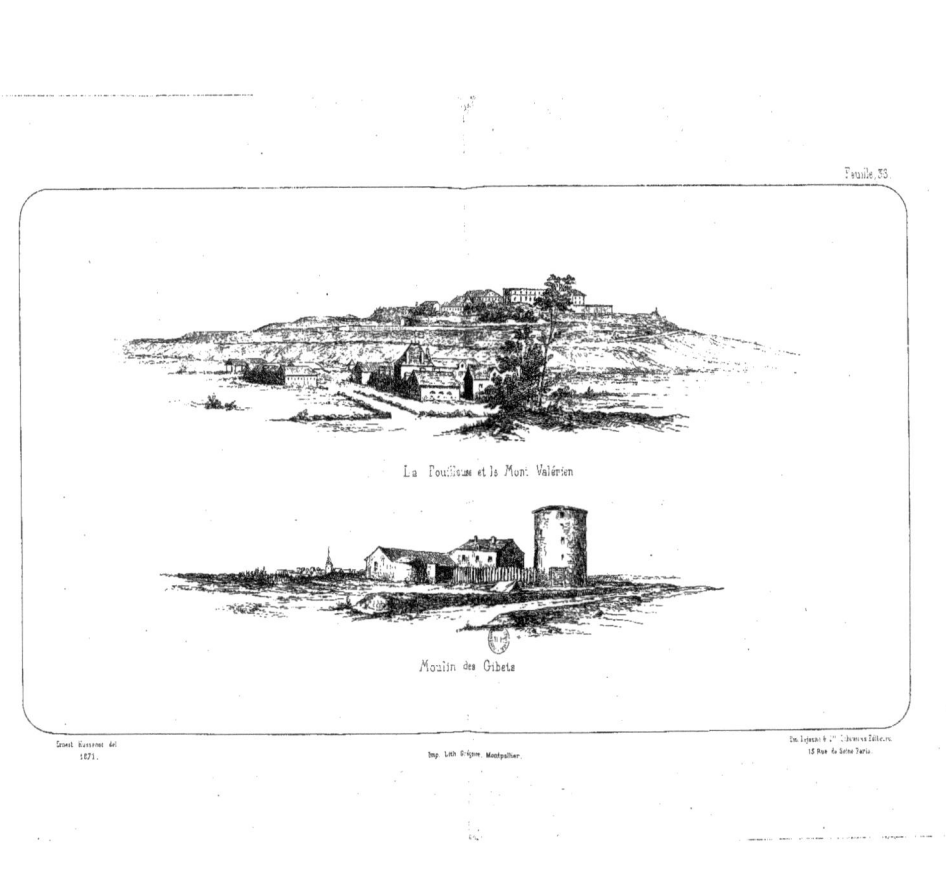

La Pouillieuse et le Mont Valérien

Moulin des Gibets

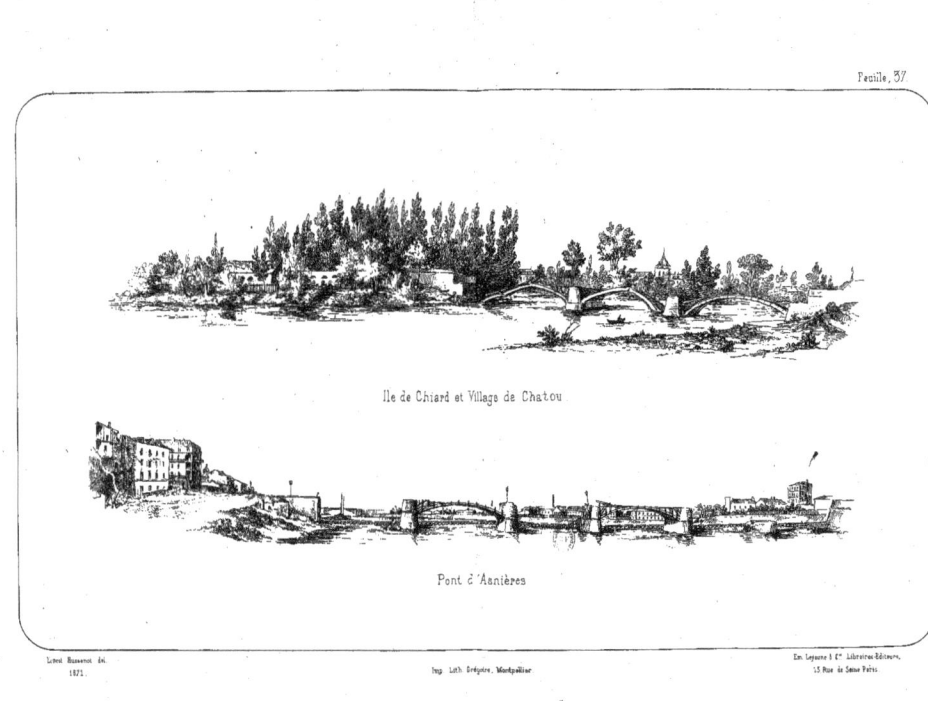

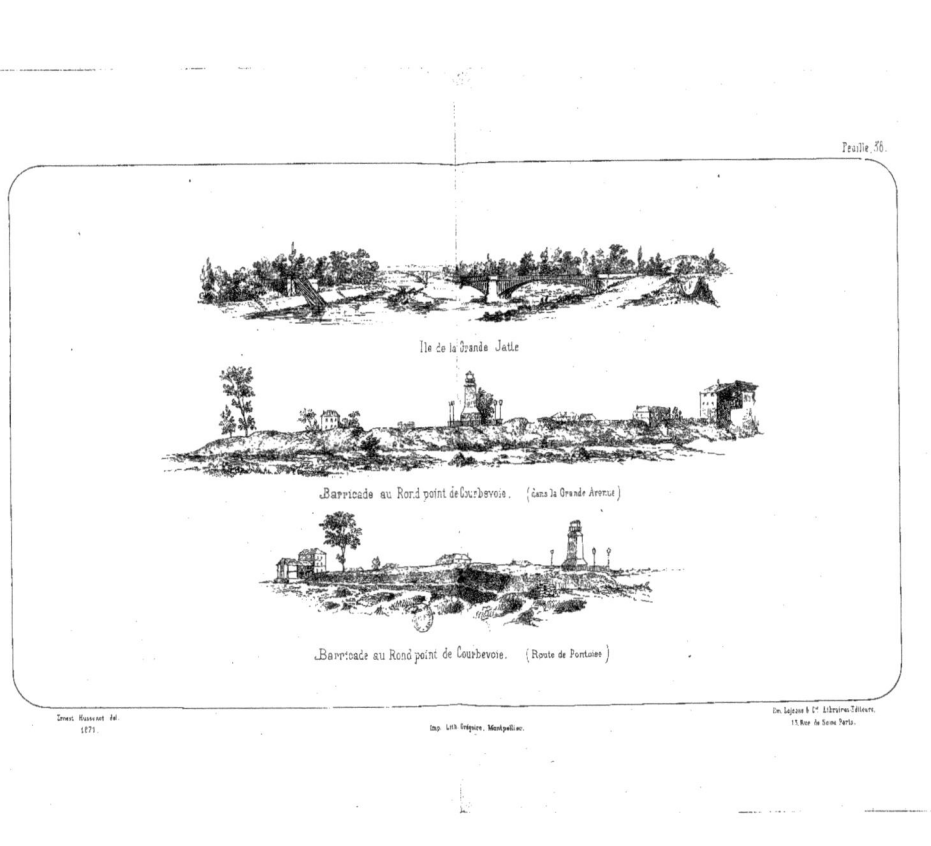

Courtine 2-3 du Fort d'Issy. (le 12 Mai 1871.)

Entrée du Fort d'Issy. (Côté Gauche)

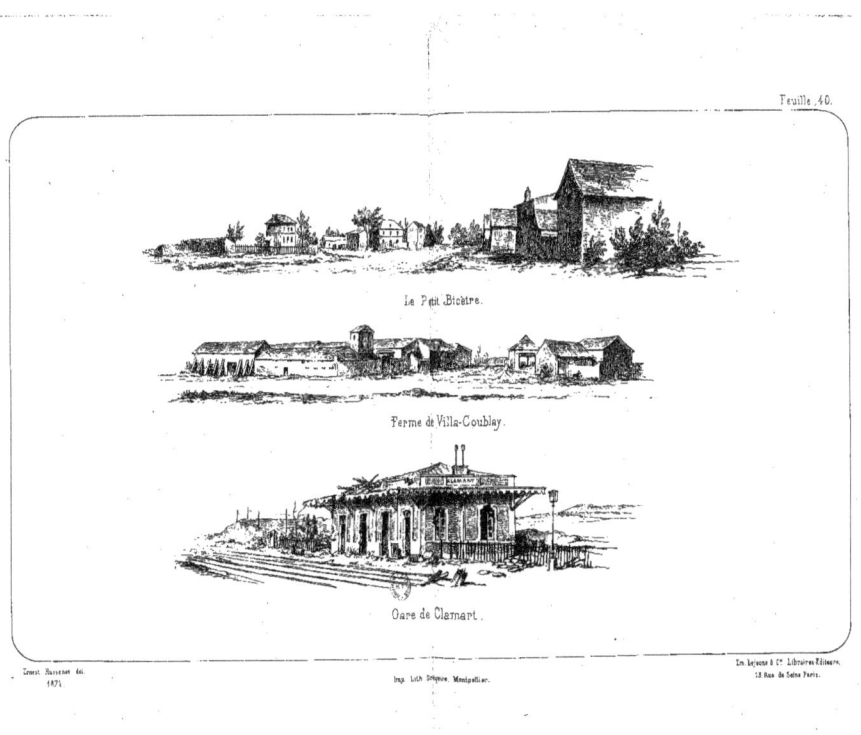

Le Petit Bicêtre.

Ferme de Villa-Coublay.

Gare de Clamart.

Batterie N° 3 à Montretout (Avril 1871)

Batterie N° 4 à Montretout.

Batterie à Montretout.

Batterie du fer: crénelé à Bellevue.

Batterie de l'Etablissement d'Hydrothérapie à Bellevue.

Batterie des 4 Tourelles.

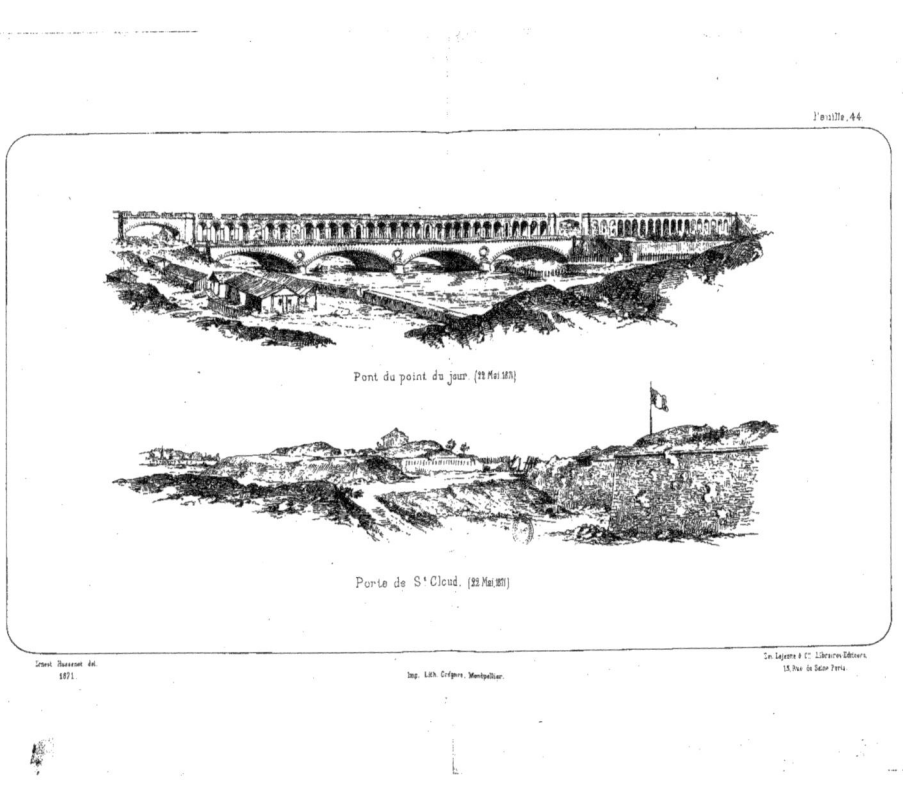

Pont du point du jour. (22 Mai 1871)

Porte de St Cloud. (22 Mai 1871)

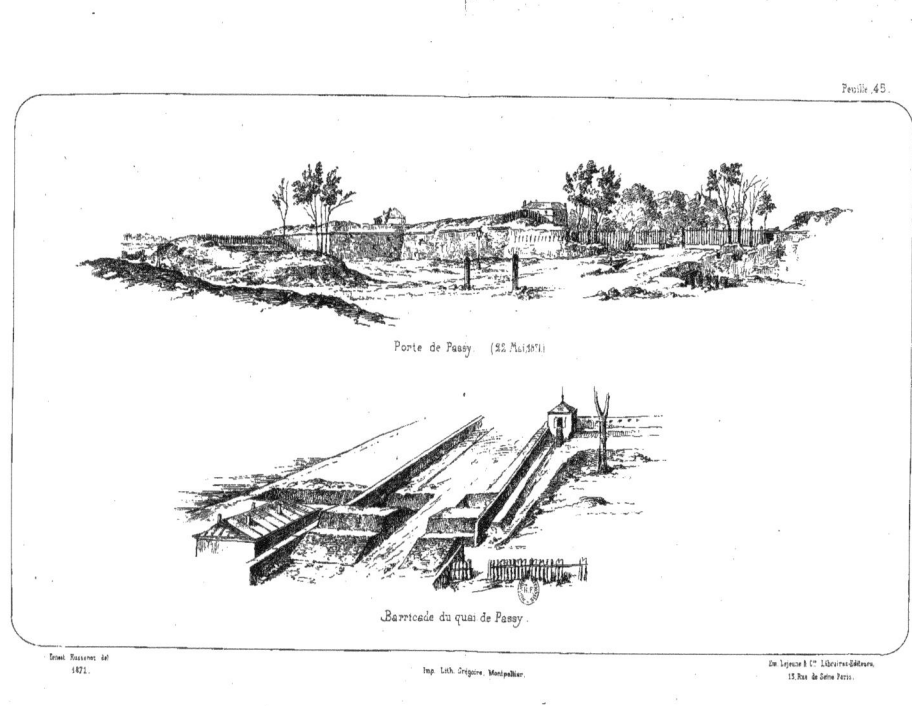

Porte de Passy. (22 Mai 1871)

Barricade du quai de Passy.

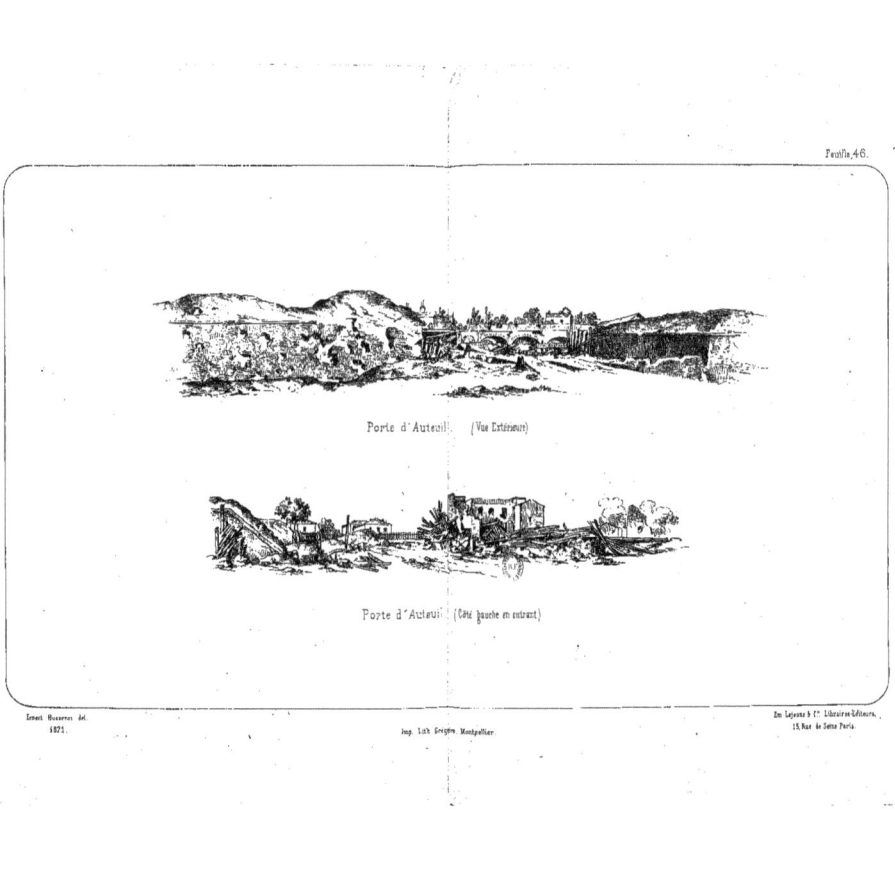

Porte d'Auteuil. (Vue Extérieure)

Porte d'Auteuil. (Côté gauche en entrant)

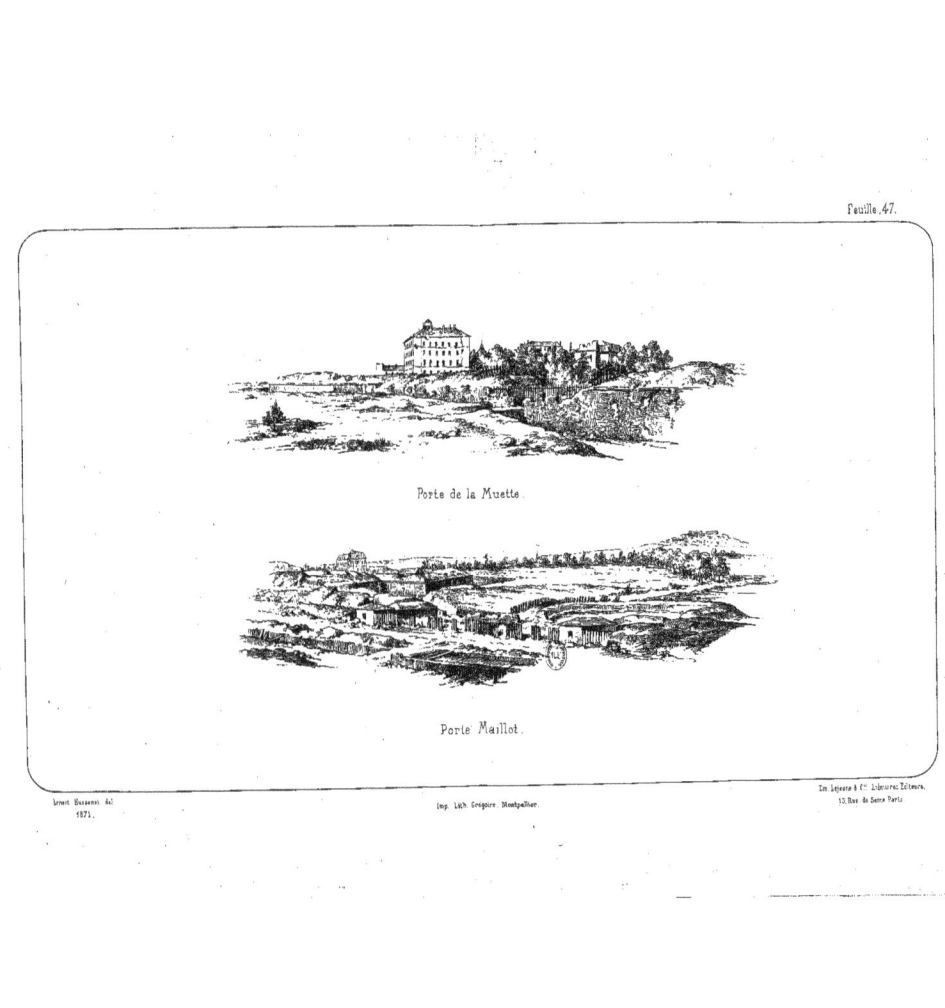

Feuille 48.

Barricade de la Terrasse des Tuileries. (du Côté de la rue de Rivoli.)

Barricade de la Terrasse des Tuileries. (Côté du quai.)

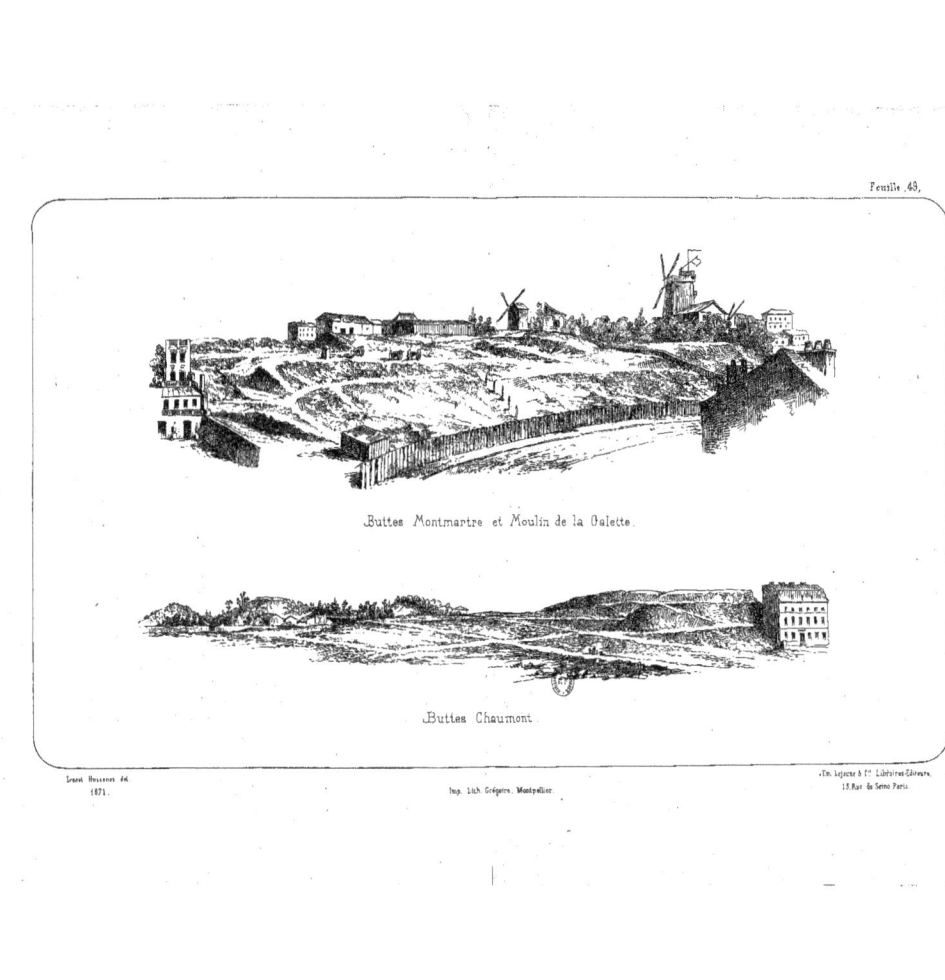

Buttes Montmartre et Moulin de la Galette.

Buttes Chaumont.

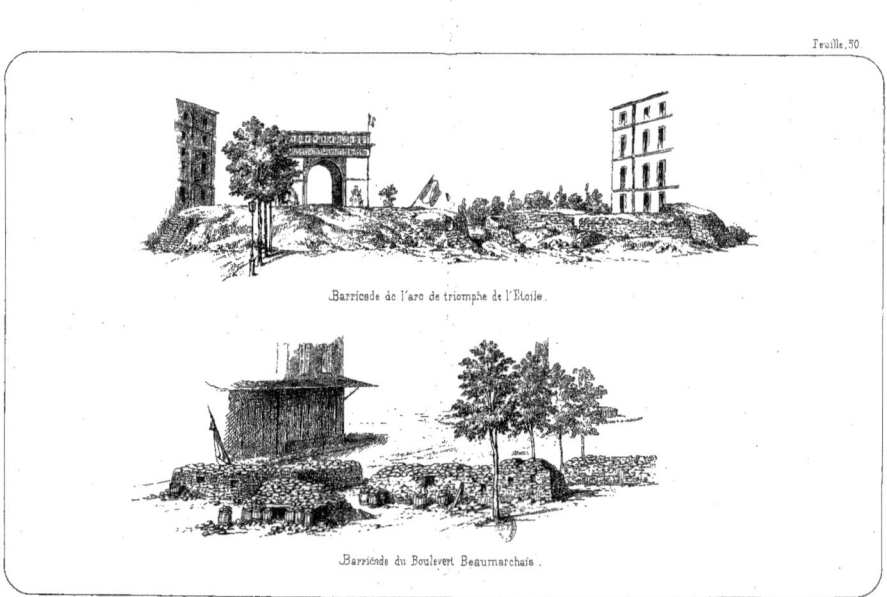

Barricade de l'arc de triomphe de l'Etoile.

Barricade du Boulevert Beaumarchais.

www.ingramcontent.com/pod-product-compliance
Lightning Source LLC
Chambersburg PA
CBHW060526090426
42735CB00011B/2392